LA

DIAFOIRO-THONYO-MACHIE

PAR

VICTOR GRENIER

SAINT-DENIS (Réunion.)

Imprimerie Th. Cazal.

1877

SAINT-DENIS, LE 24 AVRIL 1877.

DELENDA CARTHAGO !

Ainsi que nous l'avons annoncé précédemment, nous commençons cette nouvelle broch u-re par notre Delenda Carthago : il faut détruire le privilège concédé à l'Editeur du Moniteur pour les travaux de typographie et de reglure nécessaires aux différents services de la Colonie. Il faut annuler pour cause d'illégalité, ou résilier pour cause de lésion faite au trésor colonial, le marché de gré à gré, consenti pour ces travaux, à M. Gabriel Lahuppe par M: le Baron de Keating, ancien Directeur de l'Intérieur par Intérim,

Le Conseil général, dont la prochaine session va s'ouvrir prochainement, comprendra sans doute qu'il est de son devoir étroit de s'occuper de cette question qui intéresse la cause de la justice et de la légalité, aussi bien que celle des finances de la Colonie.

Déjà dans la session de 1871, la commission du budget avait déclaré par l'organe de son rapporteur que le marché pour les travaux de typographie devait être mis en adjudication à partir de 1873.

Cette adjudication n'a pas eu lieu. Au contraire en 1872, le même rapporteur, dont nous venons de parler plus haut, et qui s'était exprimé d'une façon si catégorique et si nette à propos de ce marché dont tout le monde comprend la monstrueuse illégalité, ce même rapporteur du monument bleu de 1871, venait déclarer dans le monument rose de 1872, que tout était pour le mieux dans le meilleur des marchés possibles, et qu'il fallait laisser M. Gabriel Lahuppe jouir du privilège qui lui avait été concédé.

Cependant pour gazer la chose, l'heureux concessionnaire du marché consentit une diminution de douze pour cent sur ses anciens prix. Pourquoi cette concession, s'il était si sûr de son droit ? — Voilà une question que tout le monde se fait tout naturellement et à laquelle personne n'a pu répondre.

Pourquoi ? — Il fallait boucher les yeux à ceux qui réclamaient au nom de la justice et de l'intérêt du Trésor. On eut recours à cette transaction à laquelle personne n'a jamais rien compris, car il est résulté qu'après sa diminution de 12 pour cent, le concessionnaire du marché continue, dit-on, à toucher tous les ans pour ses fournitures une somme aussi importante, si non plus importante que celle qu'il avait l'habitude d'encaisser tous les ans. En imprimerie il paraît qu'il y a des trucs au moyen desquels on peut se rattraper...

Delenda Carthago !

LA DIAFOIRO-THOMYO-MACHIE.

—

Je chante les combats, et ces guerriers terribles,
Qui par leurs longs travaux, et leurs bras invinci-
[bles,
Bourrant de sots papiers le lecteur hébêté,
Trouvèrent le chemin de la postérité.
    La malle allait partir, encore une seconde,
Et Tarratantara fendait le sein de l'onde.
Déjà des St-Paulois le noble ambassadeur
Agitait son mouchoir d'un air plein de grandeur.
A ce signal d'adieu, debout sur le rivage,
Son fils Diafoirus répondait : « bon voyage ! »
Et soudain transporté d'espérance et d'émoi,
Il se mit à beugler : « L'avenir est à moi ? »

❀

    Non ! Thomas, l'avenir n'appartient à personne,
Victor Hugo l'a dit, à chaque heure qui sonne,
Tout ici bas s'écroule en nous disant adieu,
L'avenir, mon très cher, l'avenir est à Dieu !!
Pendant que ton esprit, en battant la campagne,
Te construit doucement des chateaux en Espagne,
Quand tu vois revenir ton Papa Directeur,
Le Thomy contre toi lance son Moniteur :
Rien ne peut égaler sa colère et sa rage,

Arme toi de gros mots, répends avec courage,
  Oeil pour oeil, dent pour dent, que ton père en
                                 [entier

Apparaisse présent dans son digne héritier

✺

Muses, ditesnous donc quelle ardeur de vengeance
De ces fameux pantins remplit l'intelligence ;
Quel fil les fit mouvoir, expliquez-nous comment
Se produisit enfin ce double engueulement.
Muses de l'Helicon au sublime langage
Dont la lyre embaumée, en passant d'âge en âge,
Apporte à l'avenir les parfums du passé ;
Muse de l'Harmonie, au discours cadencé,
Qui jadis inspirais les chants du vieil Homère
Lorsque pauvre et proscrit, battu par l'onde amère,
Le sublime vieillard, en vers olympiens,
Montrait les rats vaincus par les batraciens,
Muses des grands combats et des vers héroïques
Viens prêter ta vigueur à mes travaux épiques,
Soutiens ma faible voix dans mon vaste projet,
Et mêle tes accents à ce grave sujet.

Aye, Aye, Aye, ô Pégase, ô cheval indompté du Dieu des vers, où m'emportes-tu dans ta course errante et vagabonde? — O Dieu de Claros, O Sminthée Apollon, dont l'arc est d'argent, arrête les transports de ton coursier fougueux et fais-moi déposer par terre, je crains le sort d'Icare ou celui de Phaéton, je crains le sort de ce pauvre Emile qui s'étant fait lancer dans les airs par son ami François, alla p'quer une tête dans le sable derrière le cimetière de Saint-Paul.

*

Emile avait rêvé de s'elever dans l'air, au moyen d'un appareil ingénieux fabriqué par ses mains. C'était deux ailes énormes, couvertes de plumes, qui placées sous ses bras lui donnaient l'aspect d'un gigantesque canard. Quand sa machine fut terminée, Emile égal aux oiseaux, s'affubla de ses ailes et se dirigea sur une butte de sable derrière le cimetière au bord de la mer retentissante. Placé sur la hauteur il demandait une main ferme pour le lancer dans l'espace et permettre à l'appareil de prendre l'air. Le valeureux François fut chargé de ce soin. Après avoir tendrement embrassé son ami qui partait pour le monde étoilé, il le chargea sur ses larges épaules, et d'un mouvement vigoureux il le lança dan l'air ! mais soit que la force d'impulsion n'eut pas été assez considérable, soit qu'une divinité contraire, jalouse de la gloire de Saint-Paul eût paralysé l'effort de François, l'audacieux Emile, la tête la première, roula sur le sable mouvant et s'en retourna tristement dans sa demeure, avec sa machine détraquée, et ses membres contusionnés !

Pour éviter un sort pareil, Apollon dieu du jour à la blonde chevelure, permets-moi d'employer le langage des simples mortels et de narrer en vile prose les ereintements héroïques de maître Thomy le Prétendant à la voix perçante et nazillarde, et de Thomas Diafoirus, dont l'épaule est légèrement inclinée vers la terre.

*

D'abord nous raconterons l'origine de ces fameux débat qui retentirent depuis les rives du « Styx » jusqu'au sommet de l'Olympe, ou bien si vous l'aimez mieux, depuis le bas de la Rivière jusque sur les hauteurs de Saint-François.

Deux baudets vivaient en paix, broutant paisiblement l'herbe épaisse de la sottise et de la crédulité publiques : c'étaient le « Nouveau Salazien» fils de Thomas Diafoirus, fils de Tarratareet le « Moniteur » enfourché par maitre Thomy le Prétendant, frère et associé de l'archange Gabriel , surnommé l'ENFANT , à cause des graces enfantines avec lesquelles il exerce au métier de Mars les milices du peuple valeureux qui habite depuis les bords de la grande chaloupe jusqu'aux confins de la Rivière des Pluies.

On s'était rendu de part et d'autre des servives signalés.

✻

Tout le monde se souvient de ce fameux débat survenu dans la presse locale à propos du marché de gré à gré pour les fournitures et travaux d'imprimerie nécessaires aux divers services de la colonie. Le gérant de la Malle avait publié un mémoire décisif contre M. Gabriel Lahuppe concessionnaire de ce marché, L'opinion publique s'était justement émue, et le Conseil général sur le rapport du terrible Terratara allait trancher la question dans le sens de la justice et de la légalité ;

Hélas ! encore un mot, encore une parole
Et le fameux marché, faisait la cabriole;
Mais Taratantara s'unissant à l'ENFANT,
Le replaça debout, de son bras triomphant,

Le Conseil général épargna la poule aux œufs d'or du Moniteur, et à partir de ce moment, on vit la meilleure et la plus édifiante harmonie régner entre ce journal et le Nouveau Salazien.

Car de son côté l'Enfant ne fut pas ingrat. Il mit son imprimerie et ses magasins à la disposition de ses nouveaux amis. Une politesse en vaut bien une autre. Le Nouveau Salazien avait besoin de caractères, on lui en donna. Le Nouveau Salazien avait besoin d'encre et de papier on lui en fournit, à crédit bien entendu, pour une valeur qui forme, dit-on aujourp'hui un compte en souffrance de cinq ou six mille francs.

Ce n'est pas payer trop cher une protection si précieuse. Quand un parent ou ami du Moniteur avait besoin d'un coup d'épaule, il le trouvait au Nouveau Salazien. Qui donc a défendu devant le Conseil général le chef du service des Ponts et Chaussées auquel s'interraissait L'ENFANT ? — Ce fut l'illustre Taratantarra. Mais d'un autre côté, l'Enfant toujours reconnaissant n'a jamais manqué de voter. en qualité de conseiller général, pour la présidence du citoyen eminent qui par cinq ou six fois a été mis par ses pairs à la tête de la première assemblée du pays. Pour tout résumer en un mot, l'Enfant et Tarratantara, s'entendant à merveille, nous montraient la puissance de ce dicton populaire : « passe moi la rhubarbe, je te passerai le séné. »

✾

Nous n'aurions pas fini s'il fallait donner toutes les preuves de la bonne intelligence qui régnait n'aguère entre le Moniteur et le Nouveau Salazien, prenons seulement le dernier fait qui qui se rattache au sujet que nous traitons aujourd'hui : nous voulons parler de l'ambassade extraordinaire de Saint-Paul.

Tout ce qui concerne cette ambassade avait été conduit à la sourdine, et s'était passé dans le secret le plus profond. La malle partait le samedi, la nouvelle du départ de l'ambassadeur extraordinaire de Saint-Paul, ne fut connue à St-Denis que le jeudi ou vendredi : les journaux ep la localité ne pouvaient pas faire accompagner M. Drouhet de leurs justes observations sur la décision municipale la plus inouie des temps modernes.

Le Moniteur, lui, paraissait le samedi, et il était au courant de tout ; et dès le matin du départ de M. Drouhet, il pouvait imprimer, à la suite de son courrier pour la métropole, un article que nous traduisons ainsi de mémoire :

« Au moment de mettre sous presse, nous apprenons, avec la plus entière satisfaction, que l'intelligente commune de Saint-Paul, dirigée par son remarquable maire, l'honorable et majestueux M. Millet, a pris l'excellente détermination d'envoyer en France avec dix mille francs dans sa poche, l'illustre Président du Conseil général de la Réunion, à l'effet de convaincre la Chambre des députés et le Sénat de la nécessité de faire cet admirable port de la Pointe des Galets, inventé par Pallu de la Barrière et Cie, et dont personne, sans Monsieur Drouhet ne paraît en état dans la métropole de comprendre l'importance et les avantages. M. Drouhet arrivera et tout sera aplani, et il pourra nous écrire à la façon de César : veni, vidi vici,.., etc.,.. »

L'article continuait ainsi sur le même ton, M. Drouhet est parti, et à son arrivée en France il a envoyé à M. Millet un télégramme ainsi conçu : ! All right. — C'est plus fort que César qui avait employé trois mots, M. Drouhet dans son laconisme n'en emploie que deux.

« All Right » ! Tout va bien ! — Tout allait bien aussi entre le Moniteur et le Nouveau Salazien. Le jour du départ de M. Drouhet, M. Gabriel Labuppe accourut avec précipitation sur le pont du Barachois, se jeta dans un canot et alla embrasser M. Drouhet à bord du paquebot des

Messageries Maritimes. M. Thomy Lahuppe était absent.

Néanmoins, « all right, » tout allait bien, et M. Drouhet croyait pouvoir partir avec confiance, sûr du dévouement de ses amis politiques.

— o —

Mais la Discorde hélas ! abordant nos rivages,
Vint nous souffler l'ardeur de ses poisons sauvages.
La déesse, en roulant un œil provocateur,
Va d'un pas décidé trouver le Moniteur.
Que fais-tu donc, dit-elle, ô Journal imbécile,
Quand un tas de gredins s'abattent sur ton île ?
Et toi gros Gabriel au teint frais et dispos,
Resteras-tu toujours dans un honteux repos ?
Et le bouillant Thomy, que fait-il ? — Il circule
Pour sa santé, je crois, — il craint la canicule !
Il est à Salazie ! — Alors, comme un éclair,
La discorde s'envole et disparait dans l'air.
De la Mare, à minuit, elle atteint le village
Et va tomber soudain au milieu de la plage,
Ou près d'un tertre vert orné d'un frais gazon
Thomy avait choisi sa gentille maison.

✸

C'est là qu'entre deux draps préparant son grand
(rô

Dormait profondément le grand savant créole.
Heureux mortel ? Après quelque joyeux festin
Il ronflait bruyamment du soir jusqu'au matin.
A o s les rêves d'or par la porte d'ivoire
Venaient à son chevet pour lui parler de gloire.
Tantôt, lui rappelant son modeste passé,
Ils peignaient à ses yeux son printemps éclipsé,
Ses aïeux oubliés, et ses jours de détresse
Écoulés en chantant auprès de sa maîtresse.
Tantôt il se voyait, o sort plein de splendeur !
Député, puis ministre, ou bien ambassadeur ;
Tantôt de l'avenir découvrant le mystère,
Il voyait sa statue énorme et solitaire,
Portant sa tête chauve au flanc du cap Bernard
Du Paille-en-cul des airs effrayer le regard !
Douces illusions, rêves trop plein de charmes,
Il vous faudra bientôt donner place à des larmes.

La discorde, en voyant le héros endormi,
Soulève les rideaux, qu'elle entrouve à demi;
Puis d'une voix terrible, et d'un regard farouche
Laisse échapper ces mots qui tombent de sa bouche
Tu dors ! Thomy, tu dors ; Et là-bas sur la mer
Ton rival rit bien fort de ton dépit amer,
Il triomphe et domine; il se rend à Versailles ;
Toi je te trouve ici, caché dans des broussailles,
Et quand il reviendra, caniche obéissant
Veux-tu de son valet le rôle abrutissant ?

Tu dors ! Attends-tu donc, infâme récompense,
Qu'il fasse un jour de toi un Gilles Grosse Panse.
Tu dors, et le bureau de leur triste Journal
Transformé contre toi en un club infernal,
Vomit cent mille horreurs sur ta candidature,
Tu ne seras jamais conseiller qu'en peinture.
Ils sont là-bas hurlant, crétins et St-Paulois
Gens de tout acabit, n'ayant ni foi ni lois.
Arme ton front serein d'audace et de vengeance,
Et marchant de ce pas vers leur coupable engeance
Va de ton noble aspect effrayant ces renards,
T'abattre comme un jar, au milieu des canards.
Elle dit, et du fond de la large poitrine,
Lui souffle le poison de son ardeur chagrine.
Le malheureux Thomy, les deux bras étendus,
S'efforce à recueillir ses esprits éperdus.
Il ouvre un œil hagard sur son cousin vert-tendre,
Roule son corps tremblant, et croit encore entendre,
La formidable voix aux accents irrités,
Lancer par intervalle à ses sens agités :
Tu dors, Thomy ! tu dors ! En vain son œil ap-
                                    (pelle

Le sommeil bienfaisant désertant sa prunelle ;
Trois fois la même voix avec un bruit pareil,
Vient rouvrir sa paupière et chasser le sommeil.

Il cède enfin, il se précipite de son lit, fait un
bout de toilette, et demande un bourriquet pour
se rendre à Saint-Denis. Bientôt comme le pro-
phète Balaam il galope à travers champs sur sa
modeste monture ; Il arrive à St-Denis et se rend

mmèdiatement dans le bureau de son frère Gabriel, auquel il tient à peu près ce langage :

THOMY.

La paix soit avec toi, ô fleur de la typographie
bourbonnaise, noble éditeur du sans-pareil Moniteur, illustre conseiller de la première assemblée du pays, et le plus grand de tous les com-
mandants des milices de notre belliqueuse Colonie, la paix soit avec toi, mais malheur à qui
sommeille à l'heure du danger ! Tu nages aujour-
d'hui dans un océan de gloire, mais peut-être
que demain tu seras réduit au rôle avilissant de
comparse du Nouveau Salazien. L'ENFANT, il
faut changer de rôle, nous ne pouvons pas con-
sentir à faire indéfiniment du Moniteur un marche pied pour le citoyen Tarratantara, il faut pen-
ser à nous, et de ce pas je vais préparer un éreinte-
ment de premier numéro contre l'ambassadeur
extraordinaire du Maire de St-Paul.

L'ENFANT

Thomy ! Quel langage est sorti de ta bouche ? — Tu ne connais pas, non tu ne peux pas
connaître ce terrible et effrayant Tarratantara.

C'est de tous les animaux, l'animal le plus co-
riace et le plus entêté que Dieu ait jeté sur la machine ronde. Il y rendrait des pions, pour la téna-
cité, à tous les mulets de Buénos-Ayres et à tous
les ânes rouges de Mascate. Malheur à celui
qui s'expose à sa vengeance.

THOMY

Que m'importe !

L'ENFANT

Mais notre marché malheureux ! Tu n'y penses
donc pas ? — Il va nous ruiner. Il va piétiner
sur notre marché : il en fera une marmelade.

THOMY

Rassure-toi, l'Enfant, il n'est pas si dange-
reux que cela. Et pourquoi aurions-nous peur de
lui ? — Il tire toute sa force du Nouveau Salazien
et de sa position au Conseil général ; n'avons-
nous pas aussi le Moniteur, et n'as-tu pas ton
siège dans la première assemblée du pays, sans
compter qu'à mon tour je prétends aussi être
membre de cette même assemblée, où je brûle de
faire connaître ma nasillarde éloquence. Crois-tu
que l'administration ose toucher à notre position industrielle, quand elle aura affaire à deux
conseillers généraux de notre trempe ?

L'ENFANT

Thomy, tu ne sera jamais conseiller général.

THOMY

L'enfant, tu n'est pas fort. Je ne veux pas dire ici que tu sois un vaste imbécile ; non ! loin de moi l'idée de t'appliquer un pareil qualificatif ; mais il faut reconnaître cependant que tu n'as pas inventé la gomme élastique. Ma nomination comme conseiller général est assurée pour es prochaines élections qui se préparent à Saint-Paul. Le grand Electeur de l'Endroit, le célèbre maire de cette heureuse localité, le remarquable sire de Fontrabjouse enfin, puisqu'il faut l'appeler par son nom, m'a promis d'appuyer chaudement ma candidature, et j'y compte. Oui, mon cher, je suis porté sur la liste officielle de l'Etang. Je marche avec le Maire, et c'est fort heureux pour lui.

Car s'il ne me rend,
Les droits de mon rang !
Avec moi, sonbleu,
Il verra beau jeu !

L'ENFANT

Permets moi, ô Thomy, de ne pas ajouter :
« Chapeu bas ! » et de chercher au contraire à
dissiper les illusions qui égarent ton esprit trop
confiant. Certes tu es un grand homme, un savant homme, un remarquable homme, dont nous
avons bien souvent vanté la supériorité dans notre Journal, pour que personne n'en ignore, mais
tu vas te perdre par trop de confiance en toi-mê-
me. Tu prétends être sûr de triomphe à Saint-
Paul, je t'y suivrai sans doute ; mais un secret
pressentiment m'avertit que nous allons chercher
là-bas un ereintement dont nous pourrions parfaitement nous passer. Je n'ai qu'une confiance
très-limitée dans les promesses qu'on t'a faites.

THOMY

Que viens-tu me chanter là ?

L'ENFANT

Ecoute, Thomy ! J'ai fait un rêve affreux qui
me trouble au dernier point, et que je dois te ra-
conter avant de te laisser prendre une détermination quelconque.

Je sommeillais doucement, quand tout à coup
je vois passer devant moi les héros de la Ba-
tracomiomachie d'Homère. Sur le bord de l'E

tang de Saint-Paul, je vois sortir de l'eau la reine des grenouilles PHYSIGNATE, aux joues enflés.
Ce batracien perfide avait la figure de ton docteur de Fontrabiouse. D'un autre coté, je vois
s'avancer un jeune rat plein de présomption,
« Dévore-miettes, que le vieil Homère appelle
Psicharpax ; oh ! Thomy, c'était bien toi !
Mais voilà que Physignate s'avance vers Psicharpax et lui adresse ce discours.

« D'où viens-tu bel étranger ! Dis moi ton
nom, ta famille, fais-moi connaître tes desseins.
Et si ta voix n'est pas menteuse, je te conduirai
dans mes vastes domaines, je te traiterai comme
mon fils, et je te ferai partager ma puissance.
Pour moi je suis Physignate la reine de cet étang,
tout ici reconnait mon empire, et mon influence
s'étend au dela de la montagne que tu vois là-bas
du coté où le soleil se lève. »

Psicharpax répondit :
« Grande reine des eaux, je m'appelle Psicharpax, et je suis d'une illustre origine : depuis un temps immémorial ma famille est en
possession de divers priviléges quilui permettent
de grignoter le budget et de vivre dans une dou-
ce opulence. Aujourd'hui le désir de la gloire et
l'ambition des grandeurs humaines me poussent
à jouer un role dans la politique. Je m'appelle

Psicharpax , et je viens me faire connaître à tes sujets que je désire représenter avec toi au grand conclave dont les membres doivent être élus dans quelques jours. »

« — Illustre Étranger, répondit Physignate, ta franchise me plaît autant que ta naïveté. Je vais te présenter à mes sujets, et je vais leur parler en ta faveur; viens visiter mon humide domaine : monte sur mon dos, passe tes deux bras autour de mon cou, et de cette manière je te ferai traverser l'Étang soumis à mes lois.

Le malheureux Psicharpax obéit; mais à peine la perfide grenouille l'a-t-elle porté au milice de l'Étang, qu'elle plonge sous l'eau en laissant son compagnon se débattre contre l'élément liquide. Il cherche en vain à regagner le bord : vains efforts ! son poil se mouille et bientôt il disparait sans retour. Psicharpax est noyé !

A cette vue, ô Thomy, je me reveille, en poussant un cri : ce songe affreux me tourmente pendant longtemps. Enfin le doux sommeil vient refermer ma paupière, mais à peine suis-je endormi, que le songe sous une autre forme vient encore m'effrayer.

Cette fois nous étions tous les deux dans un club d'électeurs au bout de l'Étang; tu montais à la tribune pour arranguer ces bons St-Paulois ; mais à peine avaient-ils entendu quelques mots de ta voix nasillarde, qu'ils se mirent tous à hurler : « vive le maire ! à bas les Huppes ! A bas les Huppes : » Et soudain tous ces braillards furent changés en canards et en grenouilles, ils faisaient un tapage d'enfer. Puis nous fumes assaillis par une pluie de sable et par une grêle de pierres : toi même, ô mon frère tu reçus un cailloux dans la poitrine, pendant que moi, j'étais aveuglé par les poignées de sable.

Ah : ce songe est effrayant et si tu veux m'en croire tu renonceras contre le Nouveau Salazien, et le maire autocrate de St Paul, à une campagne qui ne peut vous procurer rien de bon :

THOMY.

Calme tes esprits agités, ô valeureux commandant des Milices de St-Denis. Faut-il t'apprendre que les rêves sont toujours le contre-pied de la vérité, et qu'il faut les interpréter dans un sens contraire à celui qu'ils nous disent ? Cette suite de Grenoble que tu nous racontes avec tant d'effroi, se changera en une marche triomphale de St-Paul à St-Denis, et nous verrons tous les habitants de l'Étang nous porter avec enthousiasme jusqu'au Conseil général, où nous ferons merveille : Vois-tu l'administration en présence de deux conseillers généraux demandant le renouvellement de leur marché de gré à gré ? Nous obtiendrons non-seulement ce précieux renouvellement, mais encore nous ferons rétablir nos anciens prix : Laisse-moi donc faire, et que mes ordres soient exécutés sans hésitation.

L'ENFANT

Qu'il soit fait comme tu le désires; mais fasse le ciel que nous n'ayons pas à nous repentir d'avoir déclaré une guerre dangereuse.

THOMY.

Voici ma première bombe, pour le prochain numéro du Moniteur.

PREMIÈRE BOMBE

« Les lecteurs du Moniteur ont pu voir, dans un entrefilet qui a paru dans notre dernier numéro, l'approbation de la décision du Conseil municipal de St-Paul, en vertu de laquelle M. Milhet a expédié à Versailles le citoyen Théodore Drouhet père à l'effet d'appuyer le projet de port et de chemin de fer présenté par MM. Lavalry et Rolin de la Barrière. Nous nous empressons de déclarer que nous ne saurions approuver une décision aussi étrange. La colonie est assez bien représentée en France par son sénateur et son député pour que la commune de St-Paul et M. Milhet n'aient pas besoin de venir soutenir et compléter cette représentation par l'inutile personnalité de M. Drouhet. C'est mettre en suspicion le talent et le dévouement de MM. Laserve et de Mahy. D'un autre coté, la commune de Saint-Paul qui est déjà très-obérée par suite d'une administration municipale qui laisse beaucoup à désirer, pouvait parfaitement se passer de contracter un emprunt onéreux pour des besoins aussi extraordinaires.

Quand au citoyen Drouhet père, c'est par erreur que nous l'avons appelé Président du conseil général: ce titre ne peut lui appartenir quand le Conseil n'est pas en session, et rien ne nous dit que M. Droubet sera renommé président, à la réunion du prochain conseil. »

*

Quand cette bombe éclata sur le Nouveau Salazien, le brillant Beaudonis s'écria : c'est une déclaration de guerre, et Thomas Diafoirus trempa aussitôt sa plume de Tolède dans son encre la plus corrosive pour rédiger une réponse foudroyante.

Voici la traduction libre de la première riposte :

PREMIÈRE RIPOSTE.

« Après avoir annoncé d'une manière conve-

nable le départ de M. Drouhet, président du
Conseil général, revêtu par l'intelligente commune de St-Paul, du mandat d'honneur, d'aller
défendre en France, l'intérêt colonial du port et
du chemin de fer, le Moniteur revient sur sa
première appréciation dans des termes que nous
dédaignons de relever. Il faut s'attendre à tout
de la part de certains farceurs habitués à changer d'opinions, comme on change de chemises.
Le passé du rédacteur du Moniteur devenu républicain à tous crins après avoir été le confident
complaisant de M. de Langrange nous expli-
querait bien d'autres revirements si nous vou-
lions nous donner la peine de chercher etc. etc. »

Ce fut autour du pauvre archange Gabriel,
de jeter les hauts cris, quand il reçut cette première riposte ; mais la guerre était déclarée, il
fallait la continuer et il imprima en tremblant
cette seconde bombe :

SECONDE BOMBE

« Le Nouveau Salazien est superlativement
amusant dans ses réponses ! Dans son langage
tout-à-fait distingué, il nous parle de gens qui

change d'opinion, comme on change de chemi-
se : l'imprudent a donc oublié que l'auteur de
ses jours a crié vive le Roi sous Louis Philippe,
vive la République, en 1848, vive l'Empereur
sous Napoléon III, et que républicain aujour-
d'hui, il ne manquerait pas de crier tout ce qu'on
voudra selon la forme de gouvernement qui
pourrait s'imposer dans la métropole ? — Ah !
que M. Droubet père a eu tort de confier en
partant, la direction de son journal à ce pauvre
Thomas Diafoirus, fruit sec de l'École de Droit,
qui après sept années de séjour à Paris, aux
frais du gouvernement, n'a réussi à revenir
dans la colonie qu'avec le diplome de docteur
ès-carambolage, titre auquel il doit avoir une

épaule déformée :

Qu'il prenne bien garde à lui, M. Thomas
Diafoirus, et qu'il sache qu'il ne fait pas bon de
s'adresser à des gens qui n'ont jamais reçu une
injure, même sur la place du Trésor, sans en
tirer vengeance.

Ce grand publiciste nous reproche encore d'a-
voir été le confident complaisant de M. de Lagrange : si la chose était exacte M. de Lagrange
aurait fait ouvrir l'enquête que nous avions de-
mandée sur les affaires du Lycée, enquête qui a
eu lieu deux ans plus tard, et qui a fait décou-

vrir le pot aux roses, au fond duquel se trouvait le fameux billet Rayeur. etc. etc.

✳

Et cet article continue ainsi en plusieurs colonnes, dans un style à faire envie aux marchands de poissons de la Halle.

Lorsque le pauvre Thomas reçut cette nouvelle bombe sur la tête, il remontait la rue de la Boulangerie en compagnie de ses amis Baudonis et Cham le Martignais. La porte de l'hôpital Colonial était à quelques pas d'eux, Soudain le Rédacteur du Nouveau Salazien chancelle, ses jambes s'affaissent sous lui, il tombe frappé d'une attaque d'appoplexie sanguine. Ses amis pour lui donner de l'air, lui arrachent son habit et son pantalon, et le transportent dans l'hôpital Colonial. Ils le déposent au milieu de l'allée, et Baudonis appelant le directeur lui dit en soupirant.

Du plus grand des Thomas, voici ce qui vous
[reste.
Un corps tout cabossé sans culotte et sans res-
(te.)

Goddam ! dit le directeur, de quelle manière vous permettez-vous de vous permettre

d'introduire le malade de vous, dans l'établissement de moi?

CHAM LE MARTIGUAIS.

C'est un cas d'urgence.

LE DIRECTEUR

Je ne connais pas le cas d'urgence. Montrez
moi son billet d'entrée.

BEAUDONINS

Mais il ne peut pas y en avoir, espèce de petit
Goddam à tête d'épervier.

LE DIRECTEUR

Eh bien! Donnez-moi sa permission de tomber en attaque d'appoplexie d'urgence.

BEAUDONINS

Va te promener, figure de rhétorique!

LE DIRECTEUR

Vous insultez moi!

CHAM LE MARTIGUAIS

Infâme catachrèse !

LE DIRECTEUR

Vous injuriez moi, en latin.

BEAUDOINS

Veux-tu te cacher, mauvaise synecdoche .

LE DIRECTEUR

Vous insultez-moi en Hébreu ! je vais porter plainte contre vous. Je vais armer moi contre vous. Je vais demander la destitution de vous, la révocation de vous, la démission de vous.

Ah ; vous venez dans l'établissement de moi, pour violer le réglement de moi. Sortez. Je mets vous à la porte. Petit-Louis, dites à ces messieurs de vouloir bien immédiatement mettre eux-mêmes à la porte.

⁕

À ce dernier trait, Cham et Beaudoins partirent d'une éclat de rire, et Thomas qui s'était semis de son indisposition sortit avec eux.

Qui donc, dit Cham en sortant, a pu faire nommer un pareil pèlerin directeur d'un établissement important ? — C'est dit Thomas quelqu'un qui veut faire tomber l'Hôpital colonial.

*

Cependant Thomas Diafoirus transporté de fureur se rendit à son bureau où il rédigea la seconde riposte que nous allons traduire pour nos lecteurs.

SECONDE RIPOSTE

En vérité, ce brave rédacteur en chef du Moniteur est grand comme le monde. La dernière bombe qu'il a dirigée contre nous est un projectile d'une force incroyable. Seulement il retourne contre celui qui l'a lancé. Mons Thomy prétend que M. Drouhet père a eu tort, en partant, de nous confier la direction du Nouveau Salazien, nous voudrions savoir en vérité si les propriétaires du Moniteur ont, et auront longtemps à se louer d'avoir confié la rédaction de leur feuille à l'ex-collaborateur du Journal de l'Ouest

Maintenant si des raisons de santé nous ont forcé de revenir à Bourbon avant d'avoir pris

nos grades à la faculté de droit, nous ne croy-
yons pas que M. Thomy Lahuppe puisse tant se
vanter d'avoir été reçu licencié, quand ce diplome, qui s'obtient du reste bien facilement, ne
prouve pas toujours la supériorité intellectuelle
de celui qui l'obtient. Nous avons connu des
avocats qui n'étaient pas forts, et peut être M.
Thomy Lahuppe est-il de ce nombre.

Nous laissons de coté le carambolage, et le billet Rayeur que mons Thomy Lahuppe vient réé-
diter après tant d'autres, qui ont fini par se lasser
d'employer ces vieux clichés qui n'amusent plus
le public. M. Thomy Lahuppe fait descendre le
Moniteur au role de la petite presse, et malheu-
reusement il n'a pas dans la forme ou le fond le
trait nécessaire pour réussir dans le genre gouail-
leur. Nous voudrions le voir plus sérieux, et nous
lui donnons le conseil de ne pas se poser en ma-
tamore en parlant des scènes passées sur la place
du Trésor, quand on pourrait lui rappeler des re-
présentations analogues données dans la rue de
l'Eglise ou à la porte de l'Hotel d'Europe. C'est
toujours la paille dans l'œil du voisin. »

Après cette verte riposte, le Moniteur lança
encore plusieurs bombes qui eurent chacune une
réponse dans le Nouveau Salazien. Le public in-
digné assistait avec dégoût à ce pugilat littéraire
dont nous n'avions pas eu encore d'exemple dans
le pays. Et l'on ne pouvait dire quel était celui
des deux combattants qui avait l'avantage. Alors

comme autrefois dans le combat des rats et des
grenouilles, l'intervention des cancres décida de
la victoire en faveur de la Reine des marais. Les
habitants de St-Paul épousant la cause de Thomas
vinrent achever la défaite du Moniteur et de
ses adhérents. Quatre cents voix contre dix-huit
cents montrèrent au présomptueux Thomy que
son âne n'était qu'une bourrique, et qu'en fait
d'élection, lui, l'espoir du Moniteur, il n'était
qu'un rat noyé.

La foule avec enthousiasme, constata son hé-
roïque abrutissement, et les échos du Bernica
répétèrent longtemps:

À bas les Huppes.
Vivat Diafoirus.
Comicorum imperator.

Y. G.

www.ingramcontent.com/pod-product-compliance
Lightning Source LLC
Chambersburg PA
CBHW060805280326
41934CB00010B/2561